휘청거리는 오후

이용완 제2시집

오늘의문학사

휘청거리는 오후

일러두기

본문에 사용한 '〉'표시는 연과 연 사이의 '빈 줄'을 나타냅니다.

| 서시 |

가을 소나기

그가 오지 않기를 바랐다
치근대며 질척거리는 그가 싫었다
오늘 그가 온다는 기별이 어긋나길 바랐다
바램은 엇나가고
그는 불빛 하나 없는 사방에
검은 장막을 치고 떼로 몰려와
잠긴 문 두드리는 험악한 노크
그의 험악한 노크는
내 가슴을 열지 못했다 눈으로
그를 몰아내려 가슴에 철갑을 두르고
대문을 활짝 여니
길길이 날뛰며 봉당에 늙어가는
가련한 여인을 처절하게 짓밟고
의기양양 나뒹굴며 땅을 차고
통통 튀며 앙탈을 부린다.

| 목차 |

서시 · 5

제1부 길게 늘어선 기억들

이 찬란한 가을에는 바람을 피워야겠다 · 13
길게 늘어선 기억들 · 14
고목 · 15
운동화와 크레파스 · 16
이발소에 가면 · 18
시인과 낙엽 · 19
눈 · 20
국화 · 21
안개 · 22
겨울 국화 · 23
산 · 24
상추 · 25
두 어머니 · 26
머물다 간 자리 · 27
자화상 · 28
떡갈나무 연가 · 29
옛날에 이런 일이 · 30
닮았다 · 31
양귀비와 꿀벌 · 32

제2부 복지관의 점심

노근리에서 • 35
까치 • 36
가훈 • 38
그 감 하나가 • 39
어느 아침 • 40
길은 있었다 • 41
영시의 이변 • 42
반달 • 43
고엽제와 고추 • 44
복지관의 점심 • 46
목련 • 47
잊을까 봐 • 48
들꽃 • 49
마지막 잎새 • 50
봄비 • 51
엇나간 대화 • 52
여자와 소주 • 54
충청도 그 친구 • 55
촌 노인의 생각 • 56
단풍 • 57

제3부 안개 낀 산책길

아기 국화 • 61
목욕탕의 남자들 • 62
노인과 낙엽 • 63
채송화 • 64
길가의 감 • 65
억새 • 66
비워둔 빈방 • 67
겨울 파리 • 68
코스모스 • 69
철동 이야기 • 70
아기단풍 • 71
안개 낀 산책길 • 72
눈 • 73
똥 • 74
낙엽 • 75
어느 봄날 • 76
봄의 찬가 • 77
목련 • 78
봄 동산 • 79
운명 • 80
봄의 풍경 • 81

제4부 썩은 감자 하나

바람개비 • 85
게으른 농부 • 86
어느 가을 • 88
그 맛이 아니야 • 90
맞은편 그 방에 • 91
썩은 감자 하나 • 92
겨울 모기 • 93
영동 찬가 • 94
하느님과 농부 • 95
간직된 버릇 • 96
주말 아침 • 97
휘청거리는 오후 • 98
허수아비 • 99
세월 이야기 • 100
단풍 • 101
눈의 운명 • 102
여보, 이제 좀 쉬자 • 104
오늘 1 • 105
행운의 클로버 • 106
오늘 2 • 108

작품 해설_문학평론가 리헌석 • 109

휘청거리는 오후

제1부

길게 늘어선 기억들

이 찬란한 가을에는 바람을 피워야겠다

아! 느낌이 좋은 날이다
더위가 갔고
짜증스레 추적거리던
장마도 물웅덩이 속으로 갔다

기상청의 주간예보는
내내
'붉은 해가 떠 있으리라'

바람이 불어온다
바람이 불어온다
가슴이 뛴다
가슴이 뛴다

이 찬란한 계절에
이 황홀한 계절에
사랑이 알알이 영그는 계절에

바람을 불러다
바람을 피워야겠다
바람을 피워야겠다.

길게 늘어선 기억들

내 몫의 길은
좁고 짧아지는데
기억들은 길게 남아
지우고 버려도
파도처럼 밀려와
구멍 난 내 몸에 가득 채우고
세상 풍파에 지쳐
작아진 내 몸을 비틀어 짜고 있다
비틀거릴 때마다
옆으로 새어 나간 기억들은
소리 되어 구멍으로 들어와
구멍 밖으로 내지르니
그 소릴 들은 타인들은
갸우뚱 쳐다보며
저 사람 헛소리한다며 수군댄다.

고목

물이 마른 지 오래되었다
팔다리가 휘더니 꺾였다
하늘 치받던 고개 떨구고 뿌리마저 썩었다
수백 년을 자리 잡고 있던
그의 터전도 황폐한 지 오래되었다
갓 쓴 선비도 떠꺼머리총각도
다녀간 지 오래전의 일이 되었다
쏟아지던 별빛도 은밀한 달빛도 신은
그에게서 거두어 갔다
숨쉬기조차 버거워 모두
'올겨울을 넘길 수 있으려나' 혼잣말이다
이제 돌아갈 때가 된 듯했다
회오리바람이 머리를 벗기고
그의 누더기마저 벗겨 내던졌다
엄동설한 겨우내 오들오들 떨며
꽃상여를 타는가 싶으면
발이 근질근질 메마르고
썩은 몸에선 몇 개의 잎이 나고
꽃은 피다 지고
이렇게 몇 번의 봄을 맞았는데
이번 봄은 멈칫멈칫 다가오질 않는다.

운동화와 크레파스

밤새 울부짖던 문풍지가 날이 밝자 멈추었다
닭장에서 장닭이 홰를 치며 길게 울어대면
봉창을 넘은 아침 해가 하얗게 부서졌다

나의 머리맡에 가지런히 놓인 검정 운동화와
열여섯 색의 크레파스 꿈이 아니었다
밤늦게 퇴근한 삼촌의 선물이었다
크레용이 없어 미술 시간에는
옆 짝 녀석의 크레용을 빌려야 했다
근데 내게 열여섯 색의 크레용이 생긴 것이다
내가 그린 그림은 교실 복도에 오래도록 걸려있었다
체육 시간에는 새 운동화가 닳을까
맨발로 축구를 했다

그새 환갑의 세월이 흘렀다
그때 운동화와 크레용을 사 주셨던
숙부님은 고향에서 농사를 짓고 계신다
철 따라 당신의 땀과 사랑이 담긴 농산물을
철없이 늙어가는 조카에게 보내 주신다

〉
고향은 멀고 나도 늙어 자주 뵙지 못하고
가끔 전화로 안부 드리면
응, 조카만 건강히 잘 있으면 되네
나, 잘 있어 전화비 많이 나와 어서 끊어!
세월에 잠긴 목소리다

바람이 불었다
낙엽이 깡충깡충 시간의 아쉬움 담고 그늘 속으로 숨었다.

이발소에 가면

주말이면 이발소에서 종일 술타령을 했다
온종일 헛짓을 한 것이다
그래도 그 헛짓은 계속되었다
허물없이 지껄이는 짙은 농찌거리
잔 가득 막걸리 잔이
몇 순배 돌아가면 다들 취해 헛소릴 뱉어내고
이웃 강아지가 길에 뒷다리 들고
오줌 싸는 얘기로 시작해
세상에 떠도는 헛것들이 술안주가 되고
막걸리가 동이 나고
안주가 날아가고 간이 부은 그들은
저 먼 곳 청기와집의
근엄하신 어르신까지 소환해
마지막 잔에 안주로 씹어야
이발소의 술판은 끝이 났다
가로등도 술에 취해 흔들흔들
흐느적거리는 술꾼들은 제집으로 기어들었다
심한 술꾼 하나가 담벼락에 개처럼 다리를 들고

넬 봐!

시인과 낙엽

바람은 살랑살랑 봄인 듯한데

우수수 떨어지는 검붉은 잎새
생의 연을 끊어 던지고 한 잎 한 잎
나목을 만들며 추락하는 잎새

그 잎새 하나가 시인의 발등에 앉았다

잎새 두 손에 감싸고
나도 언젠가는
자네처럼 목줄기 말라 떨어질 몸이라네.

눈

너무 자주 와서
너무 많이 와서
그때는 불청객
지금은 어디로 갔는가
어디에서 방황하는가
보고파서
그리워 겨우내 기다림에
어두운 밤에 왔다가
잠시 앉았다
일어서는
첫사랑 닮은
하얀 눈.

국화

밤하늘의 별빛이
슬그머니 도둑처럼 내려와
꽃잎에 귓속말로
하늘의 소식을 전했다
무슨 말을 전했기에
꽃잎은 돌아서 파르르 떠는가

여명에 별빛이 달아나고
밤새 악몽에
시달렸던 꽃잎이
해맑은 아침 햇살에
고개 들고 활짝 웃는
초겨울의 아침 국화.

안개

솟았는가
강줄기 베고
길게 누운 작은 물방울들이
회오리치듯
두어 바퀴 돌고 간 자리의 초목들은
알몸에 톡톡 땀방울이 솟고
너펄거리는
수건 한 장 던져주고
깊은 수렁으로
스며드는 겨울 안개.

겨울 국화

찬 서리를 꽃잎에 담은 채
먼 하늘 끝에 시선을 두고
태곳적부터 기다리는 이가 있었으니
그분 잠시 머물다 갔다
시인이 다가가
벗이 되겠다 하니
살래살래 고개 저으며
시나브로 멀어져 가는 저녁나절 햇살에
그리움을 실려 보내고
그녀는 시들시들 여위어갔다.

산

벗어라
훌훌 벗어라
잎새 하나 달지 않은
나목들의 동산
길게 누운 알몸 위로
유유히 떠도는
짙은 안개
꿈틀꿈틀 산허리에서
노루 한 쌍이
익지 않은 열매를 찾아
다정히 나눠 먹고
나목만이 존재하는
헐벗은 산을
은혜로운 햇살이 품고
다독이다 갔다.

상추

긴 잠에서 깬
어린 계집아이가
바람에 날리는 깃털에
간지럼을 타고
혼기 앞둔 계집애는
속치마를 겹겹이 입었다
입안 침 가득 머금고
한 잎 한 잎 벗기는
내 손을 고발한다.

두 어머니

약병아리 삶아
부뚜막에 올려놓고
살 발라 주시며
어서 먹으라시던 어머니
같이 먹자면 어머니는
밥을 금방 먹어 배가 부르다 하셨다
뭣이든 맛난 것이면
어머니는 배가 부르다 하셨다

살 오른 굴비를 구워
가시 발라내 하얀 밥술에 올려주는 아내
당신도 먹으라면
여보, 난 굴비 별로더라
어머니가 그랬는데
아내도 그랬다
가시 발라 살점 떼 주는
아내의 얼굴에
내 어머니의 미소가 담겨 있다.

머물다 간 자리

압치의 겨울 날씨는 매서웠다
이삿짐은 채곡채곡 화물차에 실렸다
두 손 마주잡고 작별의 인사
잘 가요, 잘 있으라는
짧은 한마디가 목젖을 넘기고 넘어갔다
화물차 기사의 채근에
맞잡은 손을 놓고
신작로의 차가 뵈지 않을 즘에야
그가 곁을 떠났음을 실감했다
계곡을 훑고 치받고 올라온
눈꽃 서린 겨울바람 허술한 옷섶을 파고들었다
그들이 머물다 간
그 집 휑한 거실 바닥에
바람과 놀던 겨울 햇살이 슬며시 들어와
거실 바닥에 누웠다.

자화상

바람이 분다
흔들흔들
뿌리째 흔들리는 키 큰 나무
근본 챙긴다며
하늘만 올려보고
근본은 땅에 있는데
존재만 찾은 하늘만 바라본
키 큰 나무는 눈 아래 내려다 뵈는
작은 나무들이 가소롭다

존재만 챙겨 하늘 향해
치솟느라 땅 밑 근본은 소홀했다
가지만 바람 타던
키 큰 나무는 몸통 뿌리마저 흔들렸다

키 큰 겨울나무는
지난여름 한 일에 후회를 한다
추녀에 고드름 녹이고
등을 두드리는 오후 햇살에
비틀거리는 세월을 먹은 늙은 사내.

떡갈나무 연가

석양은 반쯤
서산마루에 걸렸다
초겨울 소슬바람에 부르는
떡갈나무의 연가
스스사각 스스사각

긴긴 겨울밤
문풍지와 함께
떡갈나무 잎새는
그렇게 밤새 울어댔다
스스사각 스스사각

깊은 겨울밤의
슬픈 노래를.

옛날에 이런 일이

나 어릴 적
동네 어느 아저씨
집을 팔려고 내놨는데
집안 우물에 물이 없어
안 팔린다는 얘기
그 아저씨 부부는 밤새
동네 우물의 물을 퍼다
집안 우물에 부었다
다음날 그 집은 팔렸다
난 그 집 아저씨가 받은
물값이 궁금했다

이제 와 생각하니
그 아저씬
사기꾼?

닮았다

스무 해를 타고 다녔던
늙은 애마 여기저기
불편한 신음 소리에
정비업소에 데리고 가
수리를 부탁했더니
보닛을 여닫고 툭툭 치고 살펴보고
들어 올려 차 밑을 살피더니
나지막한 어조로
"손볼 수가 없네요.
굴러가게 해 드릴게, 그냥 타세요."
얼마 전
의사가 내 몸 이곳저곳 검사를 마친 후
한 말과 똑같다.

양귀비와 꿀벌

마당 꽃밭에
양귀비 한 송이
코스모스 백일홍 채송화도
활짝 피었다
어디서 날아왔는지 꿀벌 두 마리
양귀비 꽃술에만 주둥이 깊이 박고
몸을 흔들어댔다
놈들은 몇 날을 맴돌며 그 짓을 했다
귀비는 잎이 마르고 시름시름

꿀샘이 말랐던가
놈들은 다시 오지 않았다.

제2부

복지관의 점심

노근리에서

전쟁이
평화를 수호하기 위한
싸움이라면
그날은 어찌하여
우리에게
천인공노할 짓을 저질렀는가
우리는 똑똑히 기억할 것이다

그대들의 만행을.

까치

낯선 부부가 산허리를 돌고
동구 밖 은행나무 느티나무를
며칠간이나 둘러보더니
느티나무에 터를 잡고
집을 짓기 시작했다
새댁은 목재와 흙을 물어오고
새신랑은 받아 세우고 바르고
그렇게 보름간을 쉬지 않고 지은 집이
완공되는 날
친척들이 찾아와 집들이 잔치를 벌였다
양가 부모님 동생 언니
한바탕 흥겨운 집들이
잔치가 끝나고
모두가 돌아간 뒤의 허전함
지친 젊은 부부는
새집에 나란히 누워 하늘의 별을 센다
별 하나 우리 둘
별 둘 우리 둘
신랑 까치가 새색시 까치의 배를 만지며
허허 우리가 부모가 되는구려

까치 부부는 손을 꼬옥 마주잡고
다시 하늘별을 센다
별 셋 우리 둘
별 넷 우리 둘
까치가 센 숫자의 별이 사라졌다.

가훈

호각 소리
소년은 1등이었다

소년은 2등이 되었다
소년은 3등이 되었다
소년은 4등이 되었다
소년은 5등이 되었다

결승점
소년은 꼴등이 되었다
소년의 아버지는
아들이 탈이 났다 생각했다

꼴등을 하고도
빙긋빙긋 웃는 소년에게
아버지가 물었다

쟤네가 죽기 살기로
쫓아와 비켜줬다고
'싸움질하지 마라.'
'지는 게 이기는 거다.'

그 감 하나가

아내와 덕유산 가는 길에
내린 기차역이 영동역이었다
낯설고 말 설고 길 설었지만
낯익은 모습 하나
신작로 양편으로 늘어선 가로수 가지 끝에
빨간 감 하나가 방긋 웃고 있었다
그 예쁜 감을 본 아내가
반가움에 뚝 따서 두 손 감싸고 연신 입맞춤이다
길가 상점 아주머니의 넉넉한 미소
오후 햇살은 감 하나 빨갛게 익혀 놓고 숨을 고른다

어언 사십 년 전의 일이다
그때 그 감 하나가 인연이 되어 우리 부부를
영동에 머물게 했나 싶어
가을이면 그 감을 찾아 나선다.

어느 아침

과거시험 낙방한 허탈함으로
허공엔 초점이 없다
터벅터벅
몰락한 어느 양반내기의 걸음

고갯마루 정자에 잠시 쉬었다
동산엔 벌겋게 달군 태양이 솟고
아직 여물지 않은 잎새 하나가
이슬을 몸에 두르고 낙엽이 되었다.

길은 있었다

길을 걷다
앞서간 사람들의 발자국
수백수천이
겹겹이 쌓였다
한 겹 한 겹
해 질 녘까지 거두어내니
짚신 자국 아래 곰 발자국,
태초의 길이 있었다.

영시의 이변

시간이
하루가
한 달이
한 해가 넘어가고
솟아나는
영시의 이변

재깍재깍
나를 깎아 먹는 소리
세월의 날 선 이빨이 어긋나 있다.

반달

태초에, 하늘의 할멈이
은하 옹달샘에 물 길으러 왔다가
물동이만 이고
샘가에 두고 간 쪽박

은하는 메말라 잡풀이 돋아나고
쪽박에 물도 말랐다
주인 잃은 쪽박은 샘을 떠났다

폐가 옆 옹달샘 할멈이 쓰다 놔둔
물바가지 파란 이끼로 치장을 했다

푸른 하늘 은하수 하얀 쪽배에
바람이 들려주는 노래.

고엽제와 고추
  - 고추밭에 실수로 제초제를 뿌렸음

월남 정글 속
헬리콥터 바람 가르는 소리
월남 정글의 폭염
그날 짙은 안개비가 내렸다

우리는 총을 내던지고
웃옷을 벗어던지고
시원히 내리는 안개비에
갈증을 풀었다

바람을 가르던 헬리콥터가 사라졌다

그날의 우리들은
시름시름 앓거나
이미 죽었거나 했다

서산 해거름에
그때와 같은 안개비가 내렸다
온몸 흠뻑 적신 비는
갈증 해소가 되는 듯했다

안개비 맞은 그들도
며칠 후 시들시들 말라죽었다

말라죽은 그들은
시구문 밖에 버려졌다
자식들을 주렁주렁 매단 채.

복지관의 점심

달그락
달그락
수저 오르내리는 소리
길게 늘어선 한 끼 점심
어르신들 틈에 낀다
식판엔 하얀 쌀밥이 소복하고
부드러운 미역국
가시 발린 생선
살아 숨 쉬는 배추겉절이
마른 김과 양념장
달콤한 요플레로 후식까지 챙겼으니
이 얼마나 훌륭한 한 끼 점심인가
정성과 사랑이 빚은
오늘 점심은
내 할머니가
내 어머니가
나 어릴 적 차려주시던
사랑 담긴 그 밥상이다.

목련

반기는 이 하나 없는
황량한 벌판에
그대 소복으로 오셨습니다

맞을 준비 없는 나는
당신의 슬픈 미소를
그저 바라만 볼 뿐입니다

당신의 눈부신 소복
단아한 자태
푸름이 서린 냉기

숨조차 멈춘 채 내게 다가와
머물다 가는 당신을
차마 잡을 수가 없었습니다.

잊을까 봐

잊을까 봐 그 소중한 것들을
잊을까 봐 매일 저녁
몽당연필로 소환한다

주고만 가신 할아버지 할머니
아버지 어머니
그 거룩한 이름들 잊을까 봐
몽당연필이 기억해 낸다

유년 시절 벌거벗고 뛰놀던
개구쟁이 동무들 잊을까 봐
몽당연필이 기억한다
여름 개천 누런 광목 팬티
송사리가 송사리를 잡았던
나같이 늙어 있을 아스라한
그때 그 애들을 잊을까 봐
몽당연필이 하나하나 불러 세운다

초가지붕 위 늙은 호박
가부좌를 틀고 넉넉하게 앉아
선들선들 가을바람에 몸을 씻는다.

들꽃

길섶 많은 들꽃 중
제일 예쁜 꽃을 한 송이 꺾어
그녀에게 주었다
그녀는 그 꽃이 예뻐서
사랑스러워서
꽃보다 아름답게 웃었다

그녀 손에 쥐어진 그 들꽃은
그녀의 미소에 화답하지 않았다.

마지막 잎새

마른나무 가지 끝
붉게 물든 잎새 하나
바들바들 떨며
안간힘을 쓰고 있다

나는 어느 무엇을 잡고
안간힘을 쓰는가
우리네 삶도 나뭇가지에 매달린
잎새인 것을.

봄비

후드득후드득 깊은 밤 빗소리에
선잠 깨 화장실 가다

아내는 빙긋빙긋
좋은 꿈을 꾸는가 보다
즐거운 미소는 계속된다

창문 열고 내다보니
봄비가 맞네
가로등 불빛이
전선에 매달린 물방울을 데리고 논다

놀다 싫증나면 던지고 그렇게 밤새
전깃줄에서 내동댕이쳐진
물방울들이 한데 모여
가로등이 꺼지고 날이 밝아오자
검은 상복으로 갈아입고 통곡을 한다.

엇나간 대화

귀촌한 지 반년
데면데면했던
친구한테서 전화가 왔다
야! 너 이사 갔다며?
어디야?
응, 영동이야
자식, 좋은 데로 갔구나
집값 비싸지
응, 조금 올랐대
그 친구와 전화를 끊었다

그 후 반년
또 그 친구한테서 전화가 왔다
야! 너 충청도로 갔다며?
녀석의 말이 좀 꼬였다
응, 그래
근데, 왜 영동이래
난 강남 영동인 줄 알았잖아
야! 임마,

내가 언제 강남 영동이랬어
부아가 치밀어 툭 던지고 끊었다
그 친군 내가 영동이라 하니
서울 영동으로 착각했던 게다
근데 어쩌냐!
이곳 영동에도 마포가 있고
용산이 있고
종로도 있으니.

여자와 소주

겨울바람에 백 촉짜리 백열등이
그네를 타고 포장은
바람에 춤을 춘다
을씨년스러운
겨울 포장마차 안
투명한 잔에 가득 부은 투명한 액체
매니큐어 짙게 바른
하얀 손이 차디찬 술잔을 들어올린다
아주 천천히
투명한 술잔은 그녀의 빨간 입술에
포개어지고 눈이 잠시 감기는가 싶더니
미동 없이 흘러내리는 투명한 액체
예술이다
바람에 백 촉짜리 백열등이
그네를 타고 냄비 뚜껑이 날아가도
그런 소란 따윈 안중에 없다
조리대 김이 포장마차 안을 휘돌고
비운 병은 옆으로 세워지고 새로 온 병이 들어섰다

석고같이 미동조차 없는 그녀의 시선은
우주 밖으로 나갔다.

충청도 그 친구

내가 잠시 알고 지냈던 친구가 있었는데
저녁 먹고는 절대 물은 먹지 않는다고 했다
말인즉 밤에 소변보기 귀찮아서라고 했다
그는 소원이 있었는데 고향 목 좋은 곳에
구멍가게 주인이 소원이라 했다
말인즉 목침 베고 누워 부채질하다 손님이 와 소주 주세요
담배, 라면 주세요
하면 일어나 내주고 돈 받고 다시 목침 베고

키가 컸던
충청도 그 친구
소원 이뤄 지금
목침 베고
손부채 흔들려나?

촌 노인의 생각

까만 하늘에
촘촘히 박힌 크고 작은 발광체의
수많은 별
은하의 세계에도
치열한 전쟁이 있었던가
역마가 휩쓸고 갔는가
희미한 존재의 것들
작은 어린 별들이
하나둘 사라지기 시작했다
어린 별들의 공포스러운 슬픈 눈빛
촌 노인은 인간이 마구 쏴 올린
로켓이 뀌대는 독한 방귀가
은하의 세계를 혼탁하게 했는지 모른다고
그래서 작은 별들이
힘없는 어린 별들이
자라지 못하고
죽어가는 거라고 믿는 촌 노인은
낮에도 뿌연 하늘에
미안해한다.

단풍

간밤에 웬 술을 그리 많이 마셨기에
불콰한 얼굴로 동산에 떠오르는
아침 해를 회동하는가
바람 한 점 없는 아침인데 건들건들
아주 기고만장이구나
너의 그 꼴 보기 역겨워
해는 구름으로 눈을 가렸고
아침 산책길에선
꽃보다 예쁘다며
넋을 놓고 가는구나.

휘청거리는 오후 ───────────────

제3부

안개 낀 산책길

아기 국화

늦가을 한낮의 햇살이
어미의 자궁에서 잠자는
아기를 불러냈다
해님의 꼬드김에 불려 나온 아기는
자애롭게 품어주는
늦가을 햇살에
빙긋이
방긋이
오물오물
옹알이를 하네.

목욕탕의 남자들

물안개 가득한 목욕실에
건장한 사내들이 들어선다
서성인다
앞사람을 옆 사람을
아래위로 훑어보고
성난 물소리
자신의 나신을 내려보고
피식 웃는 목욕탕의 사내들
물안개 모락모락 피어나는
살이 델 듯한 뜨거운 물에
나신을 담그고
어 - 시원타 어 - 시원타
한마디씩 내뱉는다

눈을 지그시 감고 참선하는
사내들 경건하다
세월에 찌든 묵은 내면을
잔잔한 파도에 띄우고
천정에 매달린
물방울의 내력을 상상한다.

노인과 낙엽

노목 아래 앙상한 노인의
엄지 검지 사이에 채 식지 않은
낙엽이 쥐어 있다

노인이 바라보는 나뭇가지엔
아직 지지 않은 단풍 몇 잎 매달려
착지를 내려 보고
까치 울음에 파르르 떨었다

엄지 검지 새에 낀 낙엽과 노인은
무슨 말이 오갔을까

내년에도 너희를 봤으면
노인의 바람이다
미국에 유학한 손자가
봄에 온다는데
하얀 가을 햇살이
노인의 촉촉이 젖은 눈을 찾았다.

채송화

예쁘다
앙증맞다
땅 위에 배를 깔고
하늘 향해 활짝 웃는 작은 꽃은 앉아
고개 숙이고 오래 봐야
더욱 예쁘다
그 작은 꽃에는 작은 꿀벌도 머물다 가고
이따금 왕벌도 들락거렸다
나비도 우아하게 너울너울 춤추며
주위를 맴돌았다
그 작고 예쁜 꽃은 도량이 넓어
온 세상을 품는다.

길가의 감

봄 여름 가을 삼계를 보낸
늙은 나는 고목의 끝가지가 불편해
양지바른 곳에 내려앉아

늦가을 오후 햇살을 만끽하며
해멍을 하며 한껏 행복해질 즈음
위에서 짓누르는 공포와 통증
나는 처참하게 뭉개져 길바닥에
흩어졌다

날 밟은 그놈의 표정도 야릇하게 일그러졌다
제 놈 실수로 감히 날 밟아놓고
똥 밟은 표정이라니
에이 퉤퉤 퉤.

억새

이른 봄 태어날 때부터
다부져 곁을 주지 않고
여름 내내 날을 세우고
하늘과 맞짱이라도 뜰 듯
기세등등

장마가 가고 작렬했던
태양도 식었다

간밤 하얀 서리를 뒤집어쓴
억새는 은발이 되어
고개 숙이고
엷은 미풍에도 끄덕끄덕
이제야 세상의 이치를 깨닫는가.

비워둔 빈방

길가 폐가 문이 열려 있다
안을 들여다보니 헌 이불이
단정하게 개어 윗목에 얌전히 앉아 있고
그 위에 땟국에 절은 베개 세 개가 나란히 누웠다
벽시계 추는 멈추었고 시침과 분침은 합을 이뤘다
살던 가족은 언제 어디로 떠났는가
고개 둘러보니 누렇게 세월로 덧칠한 빛바랜 달력
2000년 3월 넘어가지 못한 채
적막 속에 서 있는
벽시계 추를 응시하고 있다.

겨울 파리

그놈
뭘 먹었는지 살이 통통 쪘다
느리다, 여름엔 이유 없이 앞발이 닳도록 빌어대더니
놈은 이제 빌지 않는다
슬금슬금 기다가 따뜻한 밥솥 위에 올라 망중한을 즐긴다
파리채를 들었다
살려달라는 애원도 없다
배가 불룩했다
놈의 간이 밖으로 나왔다.

코스모스

긴 장마 뜨거운 태양 아래에서는
두문불출 몸 사리더니
질척대던 장마는 가고 살 태우던 태양도 식었다

가을 맞아 선들선들 하늬바람 부니
연분홍으로 화장을 하고
가을바람과 사랑에 빠져
내가 다가가 인사를 건네도 눈길 한번 안 주더니
따스한 햇살이 차갑게 식고 바람은 달아나
낙엽과 뒹굴며 수작을 건다
하늘거리던 가냘픈 허리도 휘었다

새벽 무서리에 고개 떨군 꽃잎 하나
두 손으로 받쳐 들고
내 입술을 포갠다
순정 바쳤으니
나더러 책임지라 한다.

철동 이야기

백화산 녹아내린 포근한 골짜기엔 실개천이 흐르고
옹기종기 이웃한 초가집
흰옷의 백성들은 허리띠를 졸라매야 했다
시뻘건 가마 쇠를 녹이는 풍구 소리 쇠를 두드리는 망치 소리
그들은 전쟁 시엔 칼과 창을 만들어 평화를 지켰고
평화 시에는 낫과 쟁기를 만들며
평화를 누렸던 슬기로운 백성들이었다
난리를 겪고 평화를 지킨
지난날의 통곡과 한은 백화산 자락에 묻었다
남은 이들은 더러 배가 고파 또는 뜻을 품고 떠났다

제기 차고 그네 타던 정자나무 아래엔 늙은 경운기가
긴 휴식에 빠져 있고
그래도 명절이 오면 까만 자동차를 타고 온
이 땅의 주인들이 돌아와 한바탕 잔치를 벌이면
백화산 자락의 영혼이 벌떡 일어나 덩실덩실 춤을 췄다.

* 철동 : 영동군 학산면에 있는 동네 이름

아기단풍

단풍나무 가지 끝에
막내 잎새 하나
먼 길 떠나려는
가을 소맷자락 붙잡고 떼를 쓴다

나도 갈래!
나도 갈래!

안개 낀 산책길

이른 아침 대문을 열고 나서니
대지의 숨구멍이 열렸는가
스멀스멀 짙은 안개가 솟았다
안개에 포위된 산책길, 안개는 물러서지 않았다
한 발 내디디면 한발 물러서고
두 발 물러서면 두 발이 다가왔다
하늘의 별도 달도 바람조차도 잠재우고
길 위에 덩그러니 나 홀로 서 있다
장막을 쳐놓았는가
컹컹 짖던 개 소리도 새벽
장닭의 긴 목 울림도 감춰진
안개 낀 새벽 세상의 모든 것들을 잠재워 놓고
끝이 보이지 않는 길 위에
방향을 잃고 내가 서 있다.

눈

새하얀 무명옷을 나풀대며
속살까지도 하얀 소녀들이 몰려온다
온다는 기별이라도 했음
집안 청소도 하고 마당도 쓸고 맞을 준비를 했을 텐데
꽤 먼 길을 온 듯했다
내 집 마당에 풀썩풀썩 주저앉았다 쌓이고 눌리고
장독대를 예쁘게 장식을 하고 노송 가지에도 앉았다
노송은 생기가 돌아 더욱 푸르다
소녀들을 싣고 온 겨울바람은 가쁜 숨으로 돌아갔다

구름을 헤집고 나온 하얀 햇살
천사의 웃음을 빌린 악마의 심보인가
손을 내밀고 얼굴을 내밀고 유혹에 빠졌다
손이 녹고 얼굴이 녹고 온몸이 녹아 흘렀다
눈물이다.

똥

끄응!
풍덩!
시원하게 입수하는 소리
바지춤을 올린 후에도 한참을 들여다보았다
황금빛 바나나 하나 예뻤다 경이롭다
어둡고 긴 터널을 여행한 그는 지쳤다
맑고 작은 호수에 몸을 담그고
물 밖의 반의 몸에서 거친 숨을 쉰다

그는 어둡고 긴 터널을 여행하며 거치는 역마다
자신의 모든 것을 다 내주고야 암흑의 터널에서 벗어났다
지친 그는 긴 잠이 간절했으나 호수의 배수문이 열리고
회오리치는 물결에 빨려들었다
돌아올 수 없는 먼 길이다.

낙엽

나무 끝가지 맨 위
붉게 물든 잎사귀 하나
깊어지는 가을을
끝내 버티지 못하고
낙엽의 이름으로
가지 끝에서 손을 놓고 떨어졌다
산새가 울었다.

어느 봄날

산 아래 얕은 계곡
봄 햇살이 옹기종기 모여 앉아 수다를 떤다

봄 화장 짙게 한 복사 꽃송이
수줍어 차마 고개 들지 못한다
다가서 바라보니
곱다
예쁘다
사랑스럽다
한참을 보고 있노라니
아스라한 첫사랑 그녀였다.

봄의 찬가

대지가 꿈틀댔다
살갗이 터지고 물이 솟는다
간들거리는 솜털 사이로
아지랑이가 살금살금 기어다닌다

함박웃음 머금은 아기 꽃들은 방긋방긋 옹알이로 화답하고
겨울 긴 잠에서 깬 늙은 갈참나무 매달려 칭얼대는
지난가을 잎이 거추장스러운 듯 소슬바람에도
몸통을 흔들어댄다

억새의 하얀 머리가 고개를 숙이고 솟아나는
새싹들에 찬사를 보낸다
깊은 계곡 작은 폭포 실개천
무질서한 듯 자리한 개구리알
물오른 버들가지에 강아지가 탐스럽다

나무꾼 아저씨 지게 위에
빠알간 한 송이 진달래
봄이 통째로 어느 집으로 들어갔다.

목련

여명이 깔아 놓은 새벽안개
사뿐히 지르밟고
수줍게 다가온 그녀
촉촉한 봄비에 몸을 씻고
수줍게 웃습니다.

봄 동산

동산 마루에 올라
산허리 둘러보니
개나리 벚꽃 이팝나무
아기 진달래
봄의 전령들은 은밀한 곳에서 은둔으로
겨울을 보냈다

산허리 깊은 계곡
발이 닿지 않는 곳
그곳에 있었다는 걸
까맣게 잊을 뻔했구나

긴 잠에서 깬 묵은 칡넝쿨
기지개를 켜며
뱀 기어오르듯 노송을 휘감으려 한다.

운명

기상청 예보는 엇나가지 않았다
검은 장막이 찢어지고
미친 불빛은 부서져 사금파리로 뿌려졌다
공간을 배회하던 무리는 무게를 이기지 못하고
대지에 처참히 떨어졌다
요란하게 요동치다 숨을 멈추고
길게 짧게 높게 낮게 구성진 멜로디다
한 무리가 양철 지붕에 떨어졌다
미친 악사의 드럼이다
가로등 불빛이 길바닥에 떨어져 숨이 멎었다

시인은 시 한 줄 쓰겠다며
문을 굳게 닫고 턱을 괴고 묵상한다
성질부리며 내리던 빗소리가 잠잠해졌다
봄 하나가 기우뚱 저물어 가는 순간이다.

봄의 풍경

부끄럼을 타는가
해가 지고 땅거미가 슬금슬금 기어다닐 즈음에야
봄비는 살포시 내려왔다
긴 봄 가뭄에 반갑고 귀한 손님이다
툭툭 후드득 엉덩방아를
찧으며 도란도란 굴러가는 소리
노랫말을 얹어 놓고 싶은 경쾌함이다
창을 열고 비 마중을 하는 손에 경련이 인다

침대 머리에 재깍재깍 아침 부르는 소리
장닭이 홰를 치고
누렁이가 컹컹 짖었다
하늘엔 얇은 구름 조각이 쫓기듯 달아나고
사납게 불끈 솟는 아침 해를 파란 하늘이 달랜다.

휘청거리는 오후

제4부

썩은 감자 하나

바람개비

바람이 분다
동
서
남
북
바람이 방향을 바꾸면
바람 따라 돌아가는 바람개비
풍향에 몽니 가득한 바람에도 넋을 잃고 돌아간다

이따금 천둥 번개 소나기에
불안에 떨며 멈췄다가
다시 바람 불면 돌아야 하는
나는 줏대 없는 바람개비.

게으른 농부

비는 없고 뙤약볕만 내리꽂히는 긴 가뭄
봄에 심은 곡식들은
시들시들 메말라 갔다
오랜만에 농부가 밭을 찾았다
곡식들은 농부를 보자
절규했다
물 좀 주세요!
물 좀 주세요!
하얗게 타들어 가는 곡식의
절규에 농부는 말했다
낼모레 비 온다니
좀 참고 기다려 봐!
키 작은 곡식이 소리쳤다
쟤들 좀 치워 주세요!
곡식 사이사이 잡풀이 솟았다
농부가 버럭 소릴 질렀다
이놈아!
싸워 이기든가
아니면 사이좋게 지내든가

〉
곡식들의 원성을 뒤로한
농부는 야속한 하늘을 본다
낼모레 비는 글렀나 싶다.

어느 가을

이른 아침 낙엽을 쓸고 태우고
텃밭 배추 뽑을까? 말까? 미루고
꽃밭에 국화가 하얗게 질렸다
손 전화가 주머니에서 요동친다
고향 오래 묵은 친구 아낙네
수다 떨듯 쓰잘데없는 얘기
한참이나 오갔다
개 짖는 방향에 술병과 오징어를 흔드는 친구
작은 탁자에 햇살이 모였다
술병과 오징어
오징어 한 마리가 소주를 세 병이나 넘기고
남은 다리는 꿈틀거리며 바다로 향했다
도망치는 다리를 소주가 다독이며 여행을 떠났다
중천의 해는 두 술꾼이 역겨운 듯
엷은 천 조각에 눈을 가렸다

저녁상을 물리고
TV에 멍 치다가
쓰레기 같은 뉴스에 울분을 토하다
역류한 가요에 눈이 감겼다

벽시계의 숫자가 삐딱하다
얼마 남지 않은 오늘이 비실거렸다
똑똑 현관문 두드리는 소리
내일이 문 앞에 서 있다.

그 맛이 아니야

할아버지는
수저를 들었다 놓았다를 거듭하시며
맛이 왜 이러냐고
그 맛이 없어
하시며 수저를 놓으셨다
그러시던 할아버지가 돌아가신 후
아버지가 할아버지의 말씀을 이으셨다
동태찌개를 드시며 고개를 갸우뚱하시며
어머니가 참 맛있게 하셨는데

할아버지도 아버지도
어머니의 손맛이 그리우셨던 게다

피자와 햄버거에 길들여진
우리들은 먼 훗날
뭘 먹으며 그 맛이 아니야
이 말을 할까요?

맞은편 그 방에

맞은편 하얀 방
불 꺼진 지 오래되었다
꼭 닫힌 창과 문은
그 아무도 열질 않았다

아름답던 산은 중장비로
헤집고
자르고
덮고야
개천엔 물이 흐르고
바람이 불었다
중장비가 산에서 내려오고
그 산엔 숲이 자라고 꽃이 피고
산새가 돌아왔다

건너편 그 방에 불이 켜졌다
동산에 불끈 해가 솟았다
감나무 위 하얀 까치가 웃었다.

썩은 감자 하나

하지감자를 캤다
썩은 감자가 나왔다
냅다 던졌다

아들아!
떡 버리지 마라
귀에서 잊혀 가는 음성이다

물동이 인 어머니 눈이
버려진 썩은 감자에 멎었다.

겨울 모기

흐린 겨울 오전
양변기에 걸터앉아 정면 응시
반 미터 앞 차가운 타일 벽
지난여름 내 귀한 피를 강탈하려 앵앵대며
대들던 놈이 벽에 붙어 요지부동이다
따뜻한 내 손바닥으로 놈을 감쌌다
기지개를 켜며 꿈틀댔다
입김을 불어 주었다
긴 다리를 펴더니 날개를 흔들며
화장실 안을 두어 바퀴 돌곤 통풍창 틈새로 날아갔다
눈발이 날렸다
놈은 돌아오지 않았다
나의 선행이 놈을 사지로 몰았다
봄이 저만치 오고 있는데.

영동 찬가

병풍으로 둘러싸인
아름다운 산자락에
평안하게 펼쳐진 슬기로운 들판
백제와 신라의 수많은 청년이
국운을 걸고 탐했던 이 땅이
천년의 세월을 보내고
새로운 천년을 맞으려 용트림을 한다

새천년을 맞이한 이 땅은
과일과 예술의 천국이다
천국에선 계절마다 잔치를 벌이고
깊은 잠에서 깬 옛 혼들이
이 땅의 사람들과 어울려 덩실덩실 춤을 춘다

모든 것을 두루 갖춘 이 땅은
영동 맞춤입니다.

하느님과 농부

고추가 크고 작고 병마저 들었다
농부는 작은 고추엔 거름을 주고 물을 줘
크고 작음을 없게 했다
병든 고추는 약을 먹이고
자주 들여다봐 건강한 고추들과 어울리게 했다
고추에 침범하는 못된 잡초들엔 징벌을 내리니
고추 마을엔 평화와 자유가 넘쳤다

뙤약볕 여름이 가고
구시월 가을이 되니
고추는 은혜 갚는다며 자식들을 안고 업고
농부를 기다린다

전지전능하신 하느님도
농부 마음 닮았으면
지구 마을도
전쟁 기아 천재지변 모르는
자유 평화를 누리지 않을까?

간직된 버릇

세 살 버릇 여든까지 간다더니
좋은 버릇 나쁜 버릇
긴 세월에 내던지고 잊히고
딱 하나 남은 버릇
유년 시절 동무들과
여름밤에 했던 그 짓 참외 서리
긴 세월에도 또렷이 남아
그 동무들을 그리면
주름진 얼굴에 미소를 짓는다
개천 둑 산책길에 횡대로 늘어선 나무엔
빨갛게 익은 자두가 탐스럽다
어느새 소년의 손에 들어온
자두 하나
고향 하굣길에
그 자두 하나.

주말 아침

도시 새들이 창문을 두드렸다
아침부터 귀찮게 울리는 벨 소리
메마른 목소리다
야! 임마
너, 어제 술 나만 먹였냐?
어이가 없다
야! 임마 네가
한 병만 한 병만 했잖아!
분명 그랬다
그럼 술값은?
내가 냈지
얄미운 놈이다
술은 제 놈이 먹자 해놓고
난 놈에게 늘 이렇게 당한다

주방에서 들려오는 그릇의
마찰음에 날이 섰다
간간이 콧속을 기어드는 북엇국 향

빛과 어둠이 공존하는
주말 아침이다.

휘청거리는 오후

짐을 다 내리고
명찰마저 떼놓고 나섰는데
휘는 허리
처지는 어깨
하늘바라기 눈은
땅 위에서 무엇을 찾는가?
굽이굽이 돌고 돌아 오가는 길
휘청거리는 오후
헛기침으로 주변을 돌아본다
앞질렀던 바람이 되돌아와
패인 볼을 감싸며
전하는 말
고향으로 돌아갈 때가 된 것이요!

허수아비

헐렁한 옷 한 벌 얻어 입고 옷값 하느라
가을 내내 훠이훠이 목이 쉬었다
저무는 가을 곡식 거둔 들판엔
참새 떼 떠나가고
황량한 들판에 외로이 서 있는 허수아비
누구라도 안고 싶은 간절한 소원을
온기 식은 가을바람이
잠시 몸 녹이고 돌아가네.

세월 이야기

콩 한 말 쌀 한 말 이고 지고
오일장에 가면
해장국집에서 미장원에서
기쁜 소식 슬픈 소식 나눠 갖고 돌아오곤 했다
오일 장터는 만남의 장소

자식 키워 도회로 보내고
가물에 콩 나듯 하던 안부 전화도 끊겼다
장터에서 만나던 그 친지들도 오고 감이 끊긴 지 오래되었다
힘겨운 세월 버티느라
팔다리 허리 만신창이
그 몸 고치려 병원 찾으니
장터에 옛 친지들 그곳에서 만난다

오촌 당숙 이종사촌
병원 대기실이 만남의 장소가 된
그들은 지난날들의 일들이
주저리주저리 전설이 되어간다.

단풍

나무 끝가지 맨 위
어린 잎새 하나
늦가을 서리에 빨갛게 언 작은 손

호호 입김으로 손 녹이며
낙엽 되어 처참하게 뒹구는 모습을
보는 표정이 편안하다

아기 부처다.

눈의 운명

바람 한 점 없는
까만 하늘이 하얗게 뒤덮였다
고만고만한 아이들이 재잘재잘
서로의 고향을 물으며
몸도 부대끼고 의지도 하며
긴 여행을 한다

종착역에 내려온 흰옷의 아이들

어떤 아이들은 청솔가지 위에
어떤 아이들은 장독대에
어떤 아이들은 넓은 마당에 사뿐히 내려앉아
긴 여행의 여독을 푼다

장독대 위의 아이들은
찡그린 얼굴에 코를 막고
마당의 아이들은 강아지 발에
집주인 아저씨의 무지막지한 발에 아비규환이다

청솔가지 위의 아이들은
깊은 잠에 취해 비몽사몽이다

〉
하염없이 내린 눈에도
운명이 있었다.

여보, 이제 좀 쉬자

일터에서 돌아온 아내
피곤한가 보다 씻지도 않은 채
침대 위에 널브러진다
내가 다리 주물러 줄까?
아직 손아귀 힘은 있거든
지친 아내의 팔다리 허리 어깨를 주물렀다
아, 시원해 시원해 고마워
아기 옹알이하듯 되풀이하더니
이내 잠이 들었다
이불을 덮어주고 들여다본
아내의 얼굴
깊게 팬 눈가에 잔잔한 경련이 인다
경건한 삶의 진동이다
입가에 맴도는 엷은 미소

여보!
이제 좀 쉽시다.

오늘 1

나는 가만히 있는데
오늘은 어제의 이름으로 물러난다

나는 가만히 있는데
내일은 오늘의 이름으로 내게로 온다

그래서
난 그냥, 그냥 오늘만 산다.

행운의 클로버

유월 어느 한낮
봄이 떠난 지 열아흐레쯤 되었을 때다
수양버들 늘어진 동구 밖 개울둑엔
잔디와 클로버가 반반
클로버는 잔디 키를 훌쩍 넘어
살랑살랑 부는 유월 향에 취했다
이파리 네 개의 클로버를 찾으면
행운이 온다는데
나는 클로버를 한 잎 한 잎 더듬었다

해가 꾸벅꾸벅 졸다 참지 못하고
하얀 목화밭에 숨을 때
나는 운 좋게 행운을 찾았다
네잎클로버가 바람을 더듬던
고사리 내 손에 들어왔다

나는 그 행운을 저편에서
행운을 아직 찾지 못한
아주 이쁜 계집에게 주었다
그 행운과 그때 이쁜 소녀는

고운 할미가 되어
지금 어디선가 그 행운을
찾고 있을 수 있겠다
누런 도화지에 퇴색된 희미한 그림 속에
예쁜 소녀가 진달래처럼 웃는다.

오늘 2

응애!
응애!
갓난아이가 장닭보다 먼저 울었다
희희호호
왁자지껄
온 가족들은 새벽부터 요란했다
아기 탄생의 기쁨은 이어졌다
할아버지와 삼촌들은 굵은 새끼줄에
빨간 고추와 검은 숯덩이를
새끼줄에 듬성듬성 꿰어
대문 앞에 금줄로 내걸었다
증조할머닌 우리 집 장손이
태어났다고 동네방네, 이 기쁜 소식을 전했다

그날 그렇게 태어난 나는 왕자였다
저 먼 옛 그날이 오늘이다.

| 작품 해설 |

어머니의 미소처럼, 떡갈나무 연가처럼
- 이용완 2시집 『휘청거리는 오후』 감상 -

문학평론가 리 헌 석
《한국예술뉴스》 발행인 겸 회장

1. 내 어머니의 미소처럼

그 잎새 하나가 시인의 발등에 앉았다

잎새 두 손에 감싸고
나도 언젠가는
자네처럼 목줄기 말라 떨어질 몸이라네.
　- 「시인과 낙엽」 일부

　바람이 살랑살랑 불어와서 봄인 줄 알았는데, 검붉은 잎새가 우수수 떨어지는 것을 보며 시인은 가을을 실감합니다. 단풍잎 하나하나가 '생(生)의 연(緣)'을 끊고 추락하며, 무성하였던 숲을 나목(裸木)의 군락으로 만듭니다. 그때 우수수 날리던 단풍 잎새 하나가 시인의 발등에 떨어집니다. 애상에 젖은 시인은 두 손으로 잎새를 감싸며 동병상련의 정서를 발현합니다. 〈나도 언젠가는/ 자네처럼 목줄기 말라 떨어질 몸〉임을 토로합니다.
  이러한 정서는 작품 「노인과 낙엽」에서도 드러납니다. 〈내년에도 너희를 봤으면〉 하는 이유를 〈미국에 유학한 손자가/ 봄에 온다는데〉 하면서 손자에게로 미룹니다. 이러한 상황에서 〈하얀 가을 햇살이/ 노인의 촉촉이 젖은 눈〉을 맑고 환하게 비추는 것으로 희망을 암시합니다. 손자를 소환하였던 정서는 평소 잊고 있던 어머니와 아내로도 확장되어 나타납니다.

> 약병아리 삶아
> 부뚜막에 올려놓고
> 살 발라 주시며
> 어서 먹으라시던 어머니
> 같이 먹자면 어머니는
> 밥을 금방 먹어 배가 부르다 하셨다
> 뭣이든 맛난 것이면
> 어머니는 배가 부르다 하셨다
>
> 살 오른 굴비를 구워
> 가시 발라내 하얀 밥술에 올려주는 아내
> 당신도 먹으라면
> 여보, 난 굴비 별로더라
> 어머니가 그랬는데
> 아내도 그랬다
> 가시 발라 살점 떼 주는
> 아내의 얼굴에
> 내 어머니의 미소가 담겨 있다.

- 「두 어머니」 전문

  시인은 일제 침략기에 태어나, 조국 광복과 6.25 전쟁을 경험하면서, 간난신고(艱難辛苦)를 몸소 경험한 분입니다. 넉넉하지 않은 생활이었지만, 모자(母子) 혹은 부부(夫婦)의 오롯한 사랑을 받으며 살아온 분입니다. 그 정서가 「두 어머니」에 각인되어 나타납니다. 약병아리를 잡아 아들에게 먹이기 위해, 자신은 밥을 먹어 배부르다고 핑계 대는 어머니의 희생적 사랑에 감읍하는 아들입니다.

  그의 아내는 노년에도 쉬지 않고 일하는 분으로 산견(散見)됩니다. 물론 청장년기에는 시인이 가사를 책임졌을 터이지만, 노년에는 아내가 일을 하여 부군(夫君)을 대접합니다. 같이 들자고 해도, 자신은 굴비가 별로더라며, 가시 발라 남편을 대접하는 모습, 아내의 희생적인 이미지가 어머니의 이미지와 단일화되며, 절묘한 감동을 생성합니다.

2. 바람과 놀던 겨울 햇살처럼

    밤하늘의 별빛이
    슬그머니 도둑처럼 내려와
    꽃잎에 귓속말로
    하늘의 소식을 전했다
    무슨 말을 전했기에
    꽃잎은 돌아서 파르르 떠는가
      - 「국화」 일부

밤하늘의 별빛이 도둑처럼 내려와 귓속말로 하늘의 소식을 전하는 양상은 성경을 패러디한 것 같습니다. 성령이 비둘기처럼 내릴 수도 있고, 도둑처럼 몰래 현신할 수도 있다는 말씀과 거의 유사한 양상입니다. 그 '소식'을 들은 국화는 파르르 떠는데, 작품의 시간적 배경이 초겨울임을 유념하면, 독자들도 쉽게 원관념에 이를 수 있을 터입니다.

  이와 유사한 이미지를 형성하고 있는 작품 「겨울 국화」에서 〈시나브로 멀어져 가는 저녁나절 햇살에/ 그리움을 실려 보내고/ 그녀는 시들시들 여위어갔다.〉와 견주면서 감상하기를 바랍니다. 또한 유사한 작품 「낙엽」에서 〈깊어지는 가을을/ 끝내 버티지 못〉한 낙엽이 가지 끝에서 손을 놓고 떨어졌다고 묘사하면서, 결구(結句)를 〈산새가 울었다.〉라는 '돈강법'을 원용하여 산뜻한 이미지를 구현하고 있습니다. 이처럼 꽃이 지거나, 낙엽이 흩날리는 것처럼 이웃과 이웃이 헤어지는 관계도 애별리고(愛別離苦)에 닿아 있습니다.

① 압치의 겨울 날씨는 매서웠다
  이삿짐은 채곡채곡 화물차에 실렸다
  두 손 마주잡고 작별의 인사
  잘 가요, 잘 있으라는
  짧은 한마디가 목젖을 넘기고 넘어갔다
② 화물차 기사의 채근에
  맞잡은 손을 놓고
  신작로의 차가 뵈지 않을 즘에야
  그가 곁을 떠났음을 실감했다
③ 계곡을 훑고 치받고 올라온

눈꽃 서린 겨울바람이 허술한 옷섶을 파고들었다
　④ 그들이 머물다 간
　　그 집 휑한 거실 바닥에
　　바람과 놀던 겨울 햇살이 슬며시 들어와
　　거실 바닥에 누웠다.
　　– 「머물다 간 자리」 전문

  15행의 이 작품은 기승전결(起承轉結)의 4단계로 구성되었습니다. 기(起)에 해당하는 ①의 5행은 이삿짐을 차에 싣고 차마 인사를 건네지 못하는 상황의 묘사와 서술입니다. 승(承)에 해당하는 ②의 4행은 마음이 급한 화물차 기사의 채근에 손을 놓고 헤어진 상황의 묘사와 서술입니다.
  전(轉)에 해당하는 ③은 두 행이지만 이별로 인한 정서적 충격을 강렬하게 표현하고 있습니다. 〈계곡을 훑고 치받고 올라온/ 눈꽃 서린 겨울바람이 허술한 옷섶을 파고들었다〉 역시 묘사와 서술로 전환적 상황을 살려냅니다. 결(結)에 해당하는 ④의 4행은 이웃이 떠나 허전한 공간을 바람과 겨울 햇살이 찾아와 떠나간 이웃을 대신하고 있다는 묘사와 서술로 빚은 절창입니다. 평범한 소재를 묘사와 서술을 조합하여 오롯한 정서를 생성한 것은 이용완 시인만의 특별한 달란트(재능)라 할 터입니다.

3. 밤새 울던 떡갈나무 잎새처럼

　　긴긴 겨울밤
　　문풍지와 함께

> 떡갈나무 잎새는
> 그렇게 밤새 울어댔다
> 스스사각 스스사각
> ─ 「떡갈나무 연가」 일부

  석양이 반쯤 서산마루에 걸렸을 때, 초겨울 소슬바람에 떡갈나무는 사랑의 노래를 부릅니다. 바람이 나무를 감싸고 휘돌아 나가면, 나무에서는 사람의 울음소리도 같고, 낮게 으르렁거리는 짐승 소리와도 같은 형언할 수 없는 소리가 들립니다. 그 노랫소리를 이용완 시인은 '스스사각 스스사각'으로 들었던가 봅니다. 시에서 의성어와 의태어는 각자 시인이 듣고 느낀 대로 표현하면 됩니다. 그 노랫소리가 '스스사각'으로 들린 것은 〈깊은 겨울밤의/ 슬픈 노래〉로 인식하였기 때문으로 유추됩니다.

  떡갈나무 잎새가 흔들리며 밤새 울어대는 연가가 있다면, 마을에 있는 폐가(廢家)에서 '소리 없는 울음'을 독자들은 들을 수 있습니다. 길가에 있는 폐가 문이 열려 있어 시인이 그 안을 들여다봅니다. 헌 이불이 윗목에 얌전히 개어 있고, 때 절은 베개 세 개가 나란히 누워 있습니다. 달력은 2000년 3월에 멈춘 채로 〈적막 속에 서 있는/ 벽시계 추를 응시하고 있다.〉라고 맺은 작품에서 질정할 수 없는 슬픔을 공유하게 됩니다. 이와는 좀 달리 착각에 의한 에피소드를 읽으며, 허허로운 정서를 만날 수 있습니다.

> 귀촌한 지 반년
> 데면데면했던
> 친구한테서 전화가 왔다

야! 너 이사 갔다며?
어디야?
응, 영동이야
자식, 좋은 데로 갔구나
집값 비싸지
응, 조금 올랐대
그 친구와 전화를 끊었다

그 후 반년
또 그 친구한테서 전화가 왔다
야! 너 충청도로 갔다며?
녀석의 말이 좀 꼬였다
응, 그래
근데, 왜 영동이래
난 강남 영동인 줄 알았잖아
야! 임마,
내가 언제 강남 영동이랬어
부아가 치밀어 툭 던지고 끊었다
　　- 「엇나간 대화」 일부

　이용완 시인의 친구는 (충청북도) 영동을 (서울의) 영동으로 착각하여, 부동산 가격을 떠올리며 〈집값 비싸지〉 묻고, 시인은 〈조금 올랐대〉 사실대로 대답합니다. 반년 후 친구가 실체를 알고 전화를 한 내용을 사실에 가깝게 표현하고 있습니다. 이러한 표현에 의하여 시의 진실성과 의외성을 확보하게 되고, 이러한 창작 양식도 소소한 감동을 생성합니다.

이용완 시인은 충북 영동에서 40여 년을 살아온 토박이입니다. 40여 년 전에 신작로 양편에 늘어선 감나무 가지 끝에 빨간 감 하나가 방긋 웃고 있어, 그 예쁜 감을 본 아내가 영동에서 살자고 하였고, 영동을 고향으로 여기며 살아간다고 「그 감 하나가」에서 밝히고 있습니다. 감과 함께, 그리고 국악과 함께, 영동에서 시를 빚으며 살게 되었으니, 감 하나의 힘은 때로 무한대로 확장되기도 합니다.

4. 짚신 자국 곰 발자국처럼

> 앞서간 사람들의 발자국
> 수백수천이
> 겹겹이 쌓였다
> 한 겹 한 겹
> 해 질 녘까지 거두어내니
> 짚신 자국 아래 곰 발자국,
> 태초의 길이 있었다.
>   – 「길은 있었다」 일부

실제로 헤아릴 수 없이 긴 시간을 거슬러, 어쩌면 겹겹이 쌓여 있을, 다양한 발자국을 한 겹 한 겹 거두어낼 수 있을까? 현재 우리는 불가능하다고 생각할 터인데, 정말 불가능한 것일까? 이와 같은 불가능을 시인은 몇 행의 시로 가능하게 만듭니다. 이것이 시인의 상상력이고, 시인의 직관일 터입니다.

시인은 백일 천일 만일도 아니고, 수백수천 겹겹이 쌓여 있는 발자국(이미 이루어진 문학 작품들)을 해 질 녘까지 거두어내는 상상력을 발휘합니다. 우리의 발자국 아래, 조선시대에서나 다녔을 짚신 자국을 찾아내고, 더 나아가 곰 발자국도 거두어냅니다. 그리하여 '태초의 길'을 찾습니다. 이 태초의 길이 바로 시인에게는 가장 소중한 '작품의 바탕'일 터입니다.

> 잊을까 봐 그 소중한 것들을
> 잊을까 봐 매일 저녁
> 몽당연필로 소환한다
>
> 주고만 가신 할아버지 할머니
> 아버지 어머니
> 그 거룩한 이름들 잊을까 봐
> 몽당연필이 기억해 낸다
>
> 유년 시절 벌거벗고 뛰놀던
> 개구쟁이 동무들 잊을까 봐
> 몽당연필이 기억한다
> 여름 개천 누런 광목 팬티
> 송사리가 송사리를 잡았던
> 나같이 늙어 있을 아스라한
> 그때 그 애들을 잊을까 봐
> 몽당연필이 하나하나 불러 세운다
>
> 초가지붕 위 늙은 호박
> 가부좌를 틀고 넉넉하게 앉아

> 선들선들 가을바람에 몸을 씻는다.
> – 「잊을까 봐」 전문

　시인은 필기도구의 대유(代喩)로 '몽당연필'을 소환합니다. 소중한 것들을 잊을까 봐 몽당연필로 기록합니다. 모든 것을 주고만 가신 할아버지 할머니 아버지 어머니의 거룩한 이름들을 잊을까 봐 몽당연필로 기록합니다. 개구쟁이 친구들을 잊을까 봐 몽당연필을 준비합니다. 그리하여 이루고자 하는 경지는 초가지붕 위 늙은 호박입니다. 지붕 위에서 가부좌를 틀고 앉아 선들선들한 가을바람에 몸을 맡기며 시를 짓는 것이 그에게는 지고지선(至高至善)일 터입니다.
　이용완 시인은 이처럼 순수한 내면을 시로 빚어, 독자들에게 오래 기억될 작품으로 남기를 지향(指向)합니다. 이러한 지향에 따라 제재의 선택은 물론, 독자들과 공유할 수 있는 표현으로 크고 작은 감동을 생성하고자 합니다. 이런 바탕에서 더욱 빛나는 문혼이 만개하기를 기원하며, 이용완 시인의 2시집 『휘청거리는 오후』에 수록된 작품 감상을 맺습니다.

휘청거리는 오후

휘청거리는 오후
이용완 제2시집

발 행 일 | 2024년 8월 27일
지 은 이 | 이용완
발 행 인 | 李憲錫
발 행 처 | 오늘의문학사
출판등록 | 제55호(1993년 6월 23일)
주   소 | 대전광역시 동구 대전로 867번길 52(삼성동 한밭오피스텔 401호)
전화번호 | (042)624-2980
팩시밀리 | (042)628-2983
카   페 | http://cafe.daum.net/gljang(문학사랑 글짱들)
인터넷신문 | www.k-artnews.kr(한국예술뉴스)
전자우편 | hs2980@daum.net
계좌번호 | 농협 405-02-100848(이헌석 오늘의문학사)

공 급 처 | 한국출판협동조합
주문전화 | (02)716-5616
팩시밀리 | (02)716-2999

ISBN 979-11-6493-341-9
값 10,000원

ⓒ이용완 2024

* 이 책의 판권은 저작권자와 오늘의문학사에 있습니다.
* 이 책은 E-Book(전자책)으로 제작되어 ㈜교보문고에서 판매합니다.
* 잘못 만들어진 책은 구입하신 서점에서 교환해 드립니다.

* 본 도서는 한국예술인복지재단 지원 사업으로 제작되었습니다.